La Conclusión de los Discípulos
Cuaderno de ejercicios

Dr. Aaron R. Jones

La Conclusión de los Discípulos - Cuaderno de ejercicios

Copyright © 2015 por Dr. Aaron R. Jones

Impreso en los Estados Unidos de América
Publicado por Kingdom Kaught Publishing LLC, Denton, Maryland

Todos los derechos reservados. Ninguna parte de este libro puede ser reproducida o transmitida de forma alguna por ningún medio, independientemente de si es electrónico o mecánico, incluyendo fotocopiado, grabación o algún sistema de almacenamiento y recuperación de información sin autorización por escrito del autor, a excepción de breves inclusiones de citas en una reseña.

Todas las citas de las Sagradas Escrituras son de la versión King James de la Biblia. Thomas Nelson Publishers, Nashville: Thomas Nelson, Inc. 1972.

Editora: Sharon D. Jones

Corrección: Antonio M. Palmer

ISBN: 978-1-947741-50-8

Tabla de contenido

CONCLUSIÓN 1
Debe hacer que Jesús sea la prioridad #1 | 9

CONCLUSIÓN 2
Debe permanecer en el camino | 15

CONCLUSIÓN 3
Debe contar el precio (costo) | 19

CONCLUSIÓN 4
No se debe aferrar a las posesiones terrenales | 23

CONCLUSIÓN 5
Debe ser productivo | 27

CONCLUSIÓN 6
Debe tener pasión | 31

CONCLUSIÓN 7
Debe saber su posición | 35

CONCLUSIÓN 8
Debe estar dispuesto a poner presión | 39

CONCLUSIÓN 9
Debe estar preparado para perdonar | 43

CONCLUSIÓN 10
Debe orar | 47

11
CONCLUSIÓN
Debe tener obediencia positiva | 51

12
CONCLUSIÓN
Debe tener un corazón purgado | 55

13
CONCLUSIÓN
Debe satisfacer la Gran Comisión | 59

INTRODUCCIÓN

Quiero presentar lo que me parece ser un concepto indispensable que ayudará a cada discípulo en su relación con el Señor. Se creó este cuaderno de ejercicios como ayuda con lo que denomino el Principio de las 3 "A" para el discipulado. Creo que todos los discípulos deben hacer las preguntas difíciles sobre su viaje por el camino con Jesús. Creo que, a medida que apliquemos este principio, será una herramienta para complacer al Padre.

Veamos los componentes de este principio de forma resumida:

Paso 1–Admitir

Admitir que no llegamos a alcanzar los estándares de Dios puede ser muy desafiante, pero es algo que tenemos que hacer. Admitir significa hacer una autoevaluación de la travesía como discípulo de Jesucristo. Parte de admitir es tener una charla entre usted y Dios. Admitir le permitirá ver lo que Dios ve y ver las cosas que fueron ignoradas.

Paso 2–Alinear

Encuentre las Sagradas Escrituras que aborden, apoyen o mejoren su puesto en el discipulado. Tales Santas Escrituras deben ser el catalizador para ayudarlo a alinearse al propósito de un discípulo de Jesús. Este es el lugar donde quiere encontrarse en la Palabra de Dios. En este paso, busca la revelación de Dios.

Paso 3–Aplicación

La aplicación es la parte más indispensable del Principio de las 3 "A". Le permite aplicar la admisión y la alineación. La aplicación es cuando uno toma las acciones para vivir la vida de un verdadero discípulo.

Declaro que voy a poner a Jesús primero en mi vida y en mi ministerio.

CONCLUSIÓN

Jesús debe ser la prioridad #1

"Si alguno viene a mí, y no aborrece a su padre, y madre, y mujer, e hijos, y hermanos, y hermanas, y aun también su propia vida, no puede ser mi discípulo". —Lucas 14:26

Paso 1–Admitir

> *De vez en cuando, nuestras necesidades básicas se convierten en un obstáculo porque hemos hecho que la carne sea nuestra prioridad.*

¿Qué he puesto antes de Jesús?

1. _____
2. _____
3. _____
4. _____
5. _____

¿Qué ha desviado mi atención de mi obligación con el Reino?

1. _____
2. _____
3. _____
4. _____
5. _____

¿Qué debo agregar y restar de mi vida para que Jesús pueda seguir siendo una prioridad número 1?

1. _____
2. _____
3. _____
4. _____
5. _____

Paso 2–Alinear

"Mas buscad primeramente el reino de Dios y su justicia, y todas estas cosas os serán añadidas". —Mateo 6:33

> Debemos seguir al Espíritu para mantener a Jesús primero. Cuando seguimos al Espíritu, la carne no es una prioridad.

> Identifique 3 Sagradas Escrituras más que hagan referencia a Jesús como ser el número 1 en nuestras vidas.

1. _____

2. _____

3. _____

¿Qué revelación especial de Dios ha recibido?

_____
_____

Paso 3–Aplicación

¿Qué haré diferente para hacer que Cristo sea número uno en mi vida?

1. _____
2. _____
3. _____

This page intentionally left blank

Declaro que no me rendiré y seguiré el camino que Jesús ha planeado para mí.

CONCLUSIÓN

Debe permanecer en el camino (travesía)

"Y el que no lleva su cruz y viene en pos de mí, no puede ser mi discípulo."
– Lucas 14:27

Paso 1–Admitir

> *Mucha gente no se da cuenta de que podemos hacer todo bien y aun así ir por el camino equivocado.*

¿Tengo una cláusula de "Dejar de seguir a Jesús"?
___
___
___

¿Mis decisiones están controlando mi camino de manera negativa?
___
___
___

¿Cuál es mi respuesta al enemigo cuando surgen tiempos turbulentos?
___
___
___

Paso 2–Alinear

> *Los discípulos no pueden darse el lujo de perder su enfoque mientras entretienen las distracciones de Satanás.*

"Jesús le dijo: Yo soy el camino, y la verdad, y la vida; nadie viene al Padre, sino por mí". – Juan 14:6

> Identifique 3 Sagradas Escrituras más que lo mantendrán en el camino de Jesús.

1. _____
2. _____
3. _____

¿Qué revelación especial de Dios ha recibido?

_____
_____
_____

Paso 3–Aplicación

1. _____
2. _____
3. _____

Declaro que voy a seguir al Espíritu Santo, independientemente del costo.

CONCLUSIÓN

Debe contar el precio (costo)

"Porque ¿quién de vosotros, queriendo edificar una torre, no se sienta primero y calcula los gastos, a ver si tiene lo que necesita para acabarla?"
– Lucas 14:28

> *Dios quiere que el discípulo haga que contar el costo sea parte de su estilo de vida cotidiano.*

Paso 1 – Admitir

¿Qué costo ha contado desde que se dedicó al Señor?

_____
_____
_____

¿Su adoración le cuesta algo?

_____
_____
_____

¿Qué va a perder? ¿Está listo para perderlo por el Reino?

_____
_____
_____

Paso 2–Alinear

> *Teniendo la eternidad en mente, seguir a Jesús le costará algo a un discípulo y siempre valdrá la pena.*

"Pues tengo por cierto que las aflicciones del tiempo presente no son comparables con la gloria venidera que en nosotros ha de manifestarse". —Romanos 8:18

Identifique 3 Sagradas Escrituras más que lo ayudarán a contar el costo.

1. _____

2. _____

3. _____

¿Qué revelación especial de Dios ha recibido?

_____
_____
_____

Paso 3–Aplicación

1. _____
2. _____
3. _____

Declaro que no permitiré que mis posesiones materiales controlen mi relación con Jesús.

CONCLUSIÓN

No se debe aferrar a las posesiones terrenales

"Así, pues, cualquiera de vosotros que no renuncia a todo lo que posee, no puede ser mi discípulo".
– Lucas 14:33

> *Hay una mentalidad que es que "mientras más posesiones uno tenga, más poder e influencia tendrá".*

Paso 1–Admitir

¿Cuáles posesiones en su vida tienen un mayor control sobre usted que Jesucristo?

1. _____
2. _____
3. _____
4. _____
5. _____

¿Cuáles posesiones quiere? Ahora, compárelas con lo que necesita.

1. _____
2. _____
3. _____
4. _____
5. _____

¿Puede dejar sus posesiones para satisfacer el plan mayor de Dios?
_____
_____
_____

Paso 2–Alinear

> *El fuerte deseo de tener cosas materiales puede obstaculizar la efectividad en el Reino.*

"No os hagáis tesoros en la tierra, donde la polilla y el orín corrompen, y donde ladrones minan y hurtan".—Mateo 6:19

Identifique 3 Sagradas Escrituras más que lo ayudarán a no aferrarse a posesiones materiales.

1. _____
2. _____
3. _____

¿Qué revelación especial de Dios ha recibido?
_____
_____
_____

Paso 3–Aplicación

1. _____
2. _____
3. _____

Declaro que me esforzaré para ser productivo para el Reino de Dios y para generar mucho fruto.

CONCLUSIÓN

Un discípulo debe ser productivo

"En esto es glorificado mi Padre, en que llevéis mucho fruto, y seáis así mis discípulos".
— Juan 15:8

> *La reproducción debe ser algo en lo que cada discípulo debe pensar. La función de cada discípulo es crear discípulos.*

Paso 1–Admitir

¿Qué necesito hacer para permanecer más en Jesús?

1. _____
2. _____
3. _____
4. _____
5. _____

¿He perdido mi salinidad?

_____
_____
_____

Paso 2–Alinear

> *El discípulo es un pámpano, y Dios espera que cada pámpano productivo dé frutos.*

"Yo soy la vid, vosotros los pámpanos; el que permanece en mí, y yo en él, éste lleva mucho fruto; porque separados de mí nada podéis hacer".—Juan 15:5

> Identifique 3 Sagradas Escrituras más que lo ayudarán a ser más productivo para el Reino.

1. _____
2. _____
3. _____

¿Qué revelación especial de Dios ha recibido?
_____
_____
_____

Paso 3–Aplicación

¿Qué debo hacer para ser más productivo para Jesús?

1. _____
2. _____
3. _____

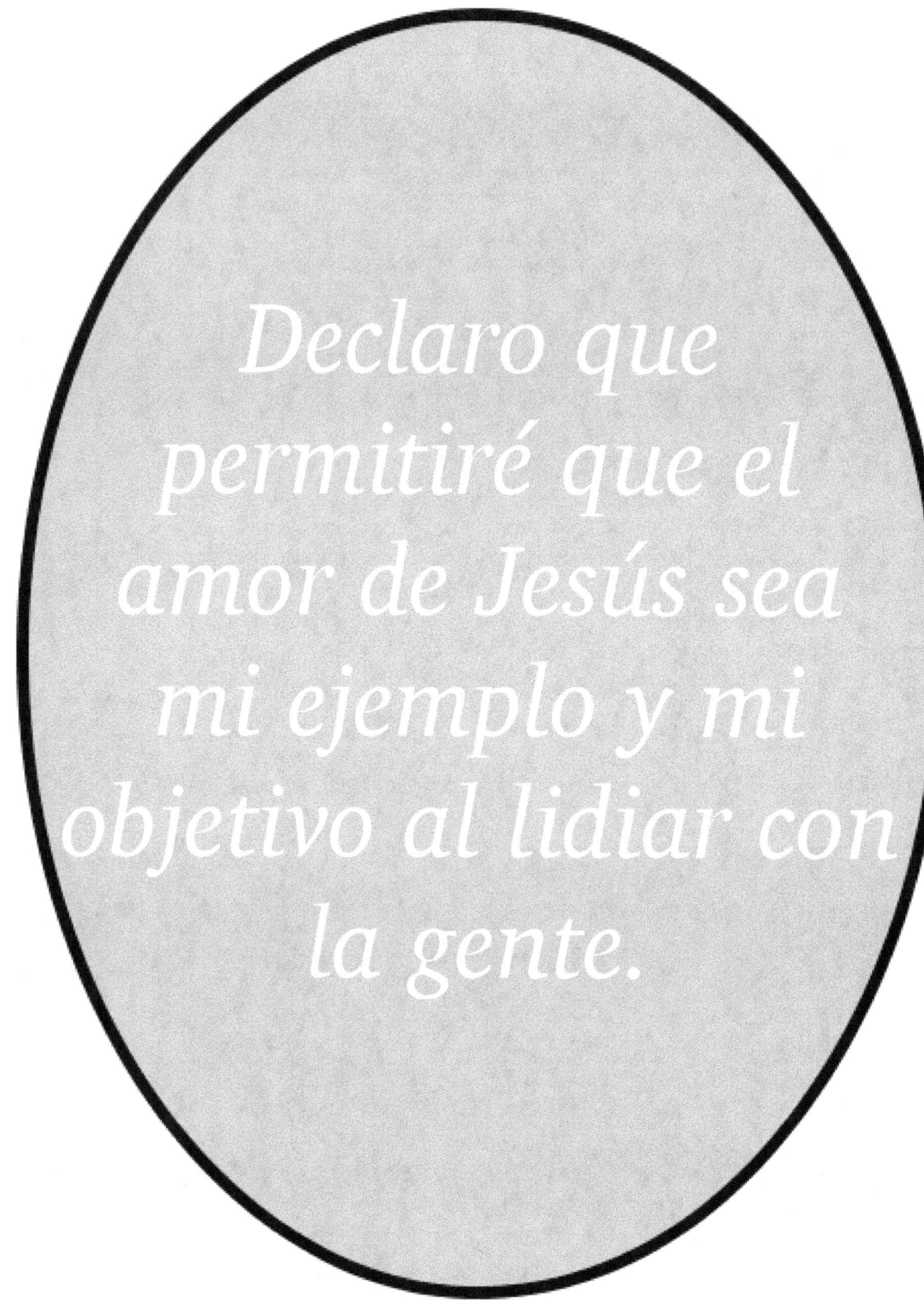

Declaro que permitiré que el amor de Jesús sea mi ejemplo y mi objetivo al lidiar con la gente.

CONCLUSIÓN

Debe tener pasión

"En esto conocerán todos que sois mis discípulos, si tuviereis amor los unos con los otros".
— Juan 13:35

> *No podemos separar el amor de nuestras vidas o del camino cristiano, porque es el punto definitivo que describe nuestra relación con Jesucristo.*

Paso 1–Admitir

¿A quién ha puesto en la lista de los no amados de su vida debido a la falta de perdón? ¿Tienen una relación con Jesús?

1. _____
2. _____
3. _____
4. _____
5. _____

¿Siempre practico el amor incondicional?
_____
_____
_____

¿Mi tanque de amor está vacío?
_____
_____
_____

Paso 2–Alinear

> *El amor no es una opción, sino un mandamiento de Dios.*

"Porque de tal manera amó Dios al mundo, que ha dado a su Hijo unigénito, para que todo aquel que en él cree, no se pierda, mas tenga vida eterna".
—Juan 3:16

> Identifique 3 Sagradas Escrituras más que lo ayudarán a amar como Jesús ama.

1. _____
2. _____
3. _____

¿Qué revelación especial de Dios ha recibido?

_____
_____
_____

Paso 3–Aplicación

1. _____
2. _____
3. _____

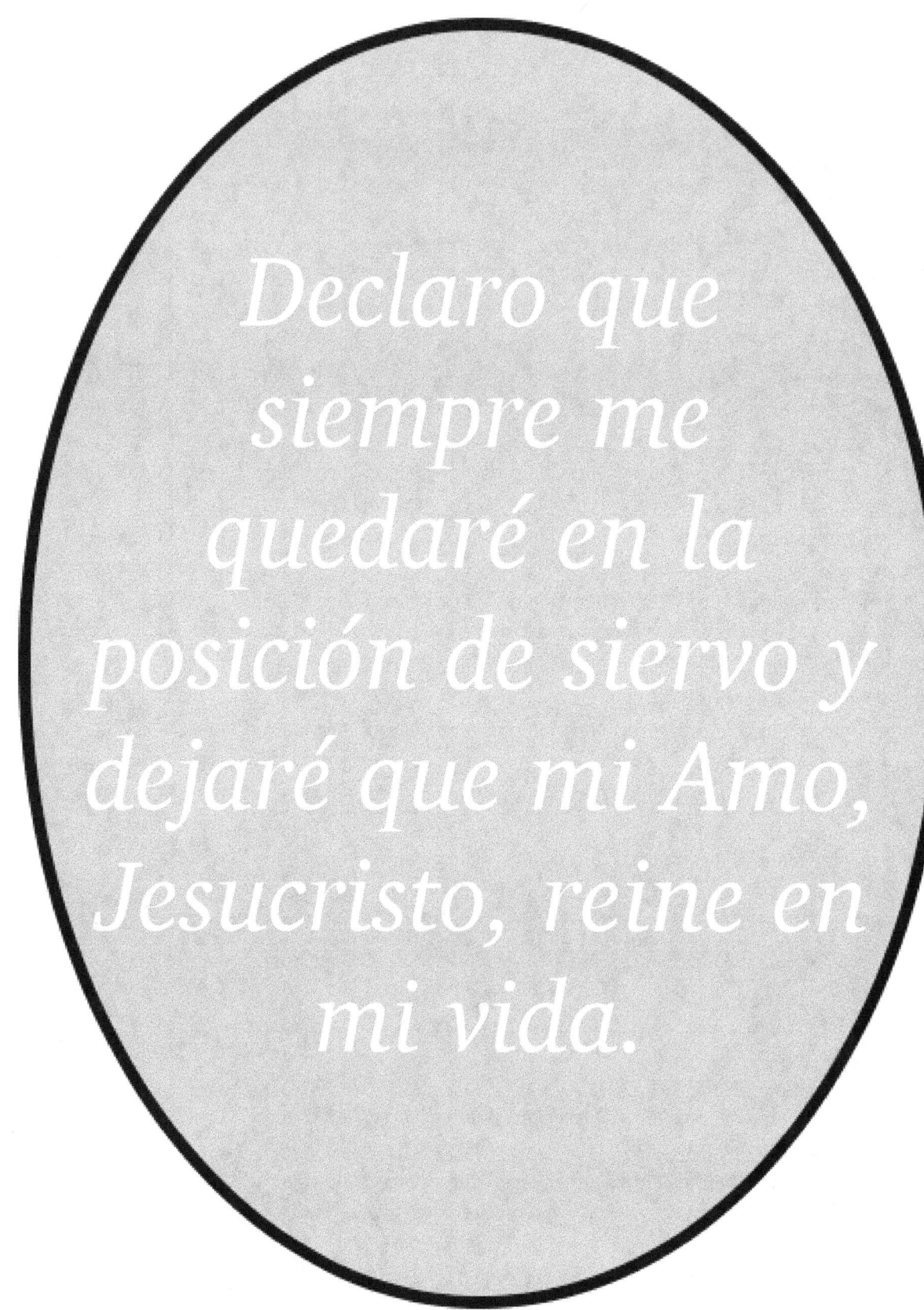

Declaro que siempre me quedaré en la posición de siervo y dejaré que mi Amo, Jesucristo, reine en mi vida.

CONCLUSIÓN

Debe saber su posición

"El discípulo no es más que su maestro, ni el siervo más que su señor".
—Mateo 10:24

> *La función de un discípulo es ser un siervo y la de Jesús es ser el Maestro. Jamás debería haber confusión alguna sobre estas dos funciones.*

Paso 1–Admitir

¿En qué áreas de su vida sigue tratando de ser el Amo?

1. _____
2. _____
3. _____
4. _____
5. _____

¿Cuál es su función como siervo de Jesucristo?

1. _____
2. _____
3. _____
4. _____
5. _____

¿Se ha metido al carril del Amo hoy?

_____
_____
_____

Paso 2–Alinear

"Su señor le dijo: Bien, buen siervo y fiel; sobre poco has sido fiel, sobre mucho te pondré; entra en el gozo de tu señor".
—Mateo 25:23

> *Un discípulo debe entender que no tiene suficiente sabiduría o control para ser el Amo.*

Identifique 3 Sagradas Escrituras más que lo ayudarán a ser más productivo para el Reino.

1. _____
2. _____
3. _____

¿Qué revelación especial de Dios ha recibido?

_____
_____
_____

Paso 3–Aplicación

1. _____
2. _____
3. _____

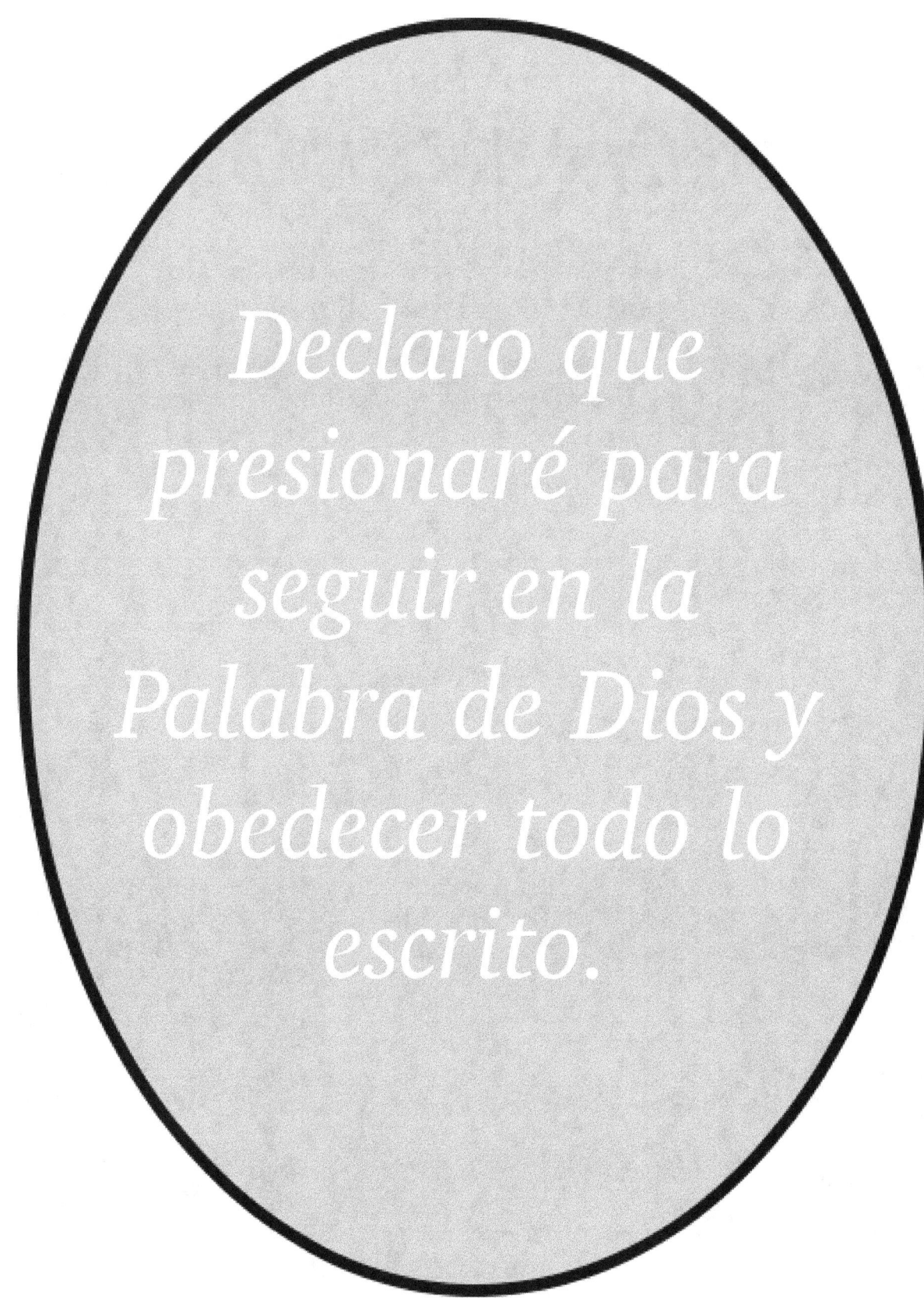

Declaro que presionaré para seguir en la Palabra de Dios y obedecer todo lo escrito.

CONCLUSIÓN

Debe estar dispuesto a poner presión

"Dijo entonces Jesús a los judíos que habían creído en él: Si vosotros permaneciereis en mi palabra, seréis verdaderamente mis discípulos".
—Juan 8:31

Paso 1–Admitir

> *Para que un discípulo siga siendo la persona que Dios ha llamado para que sea, debe insistir en la Palabra de Dios.*

¿Ha perdido su apetito por la Palabra de Dios?

_____
_____
_____

¿La Palabra de Dios realmente guía su vida?

_____
_____
_____

Paso 2–Alinear

> *Para los discípulos, la Palabra de Dios es nuestro libro de reglas para la vida cristiana.*

"Toda la Escritura es inspirada por Dios, y útil para enseñar, para reprender, para corregir, para instruir en justicia: a fin de que el hombre de Dios sea perfecto, enteramente preparado para toda buena obra".
—2 Timoteo 3:16, 17.

> Identifique 3 Sagradas Escrituras más que lo ayudarán a presionar la Palabra de Dios.

1. _____
2. _____
3. _____

¿Qué revelación especial de Dios ha recibido?

_____
_____
_____

Paso 3–Aplicación

¿Qué debe hacer para aumentar el tiempo que pasa en la Palabra de Dios?

1. _____
2. _____
3. _____

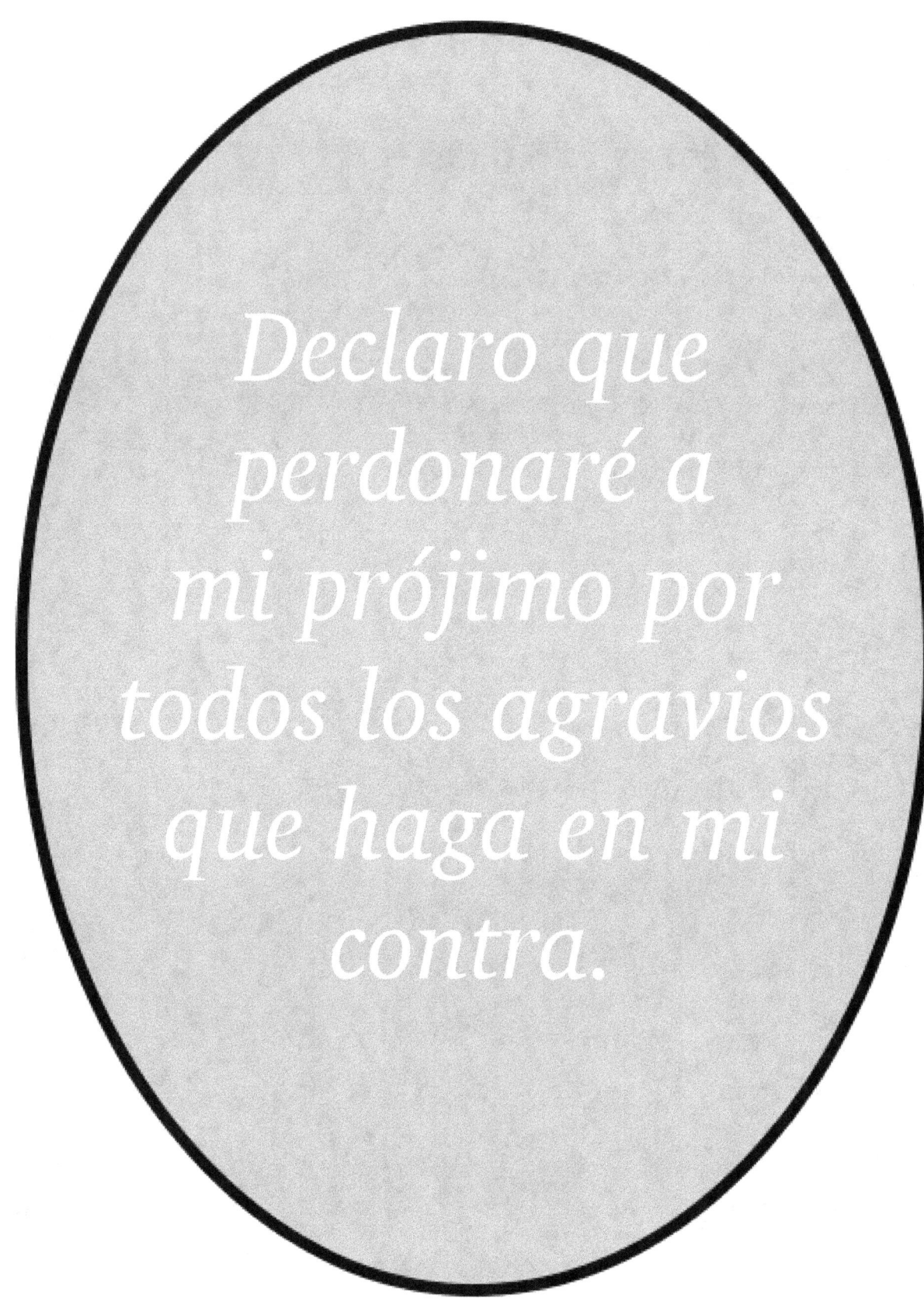

Declaro que perdonaré a mi prójimo por todos los agravios que haga en mi contra.

CONCLUSIÓN

Debe estar preparado para perdonar

"Porque si perdonáis a los hombres sus ofensas, os perdonará también a vosotros vuestro Padre celestial".
—Mateo 6:14

> *Creo que la falta de perdón es como un equipaje innecesario que cargamos.*

Paso 1–Admitir

¿Tiene alguna falta de perdón en su corazón?

_____
_____
_____

¿Le pone límites a su perdón?

_____
_____
_____

¿Es selectivo cuando se trata del perdón?

_____
_____
_____

Paso 2–Alinear

> Si un discípulo quiere perdón y que Dios reciba su sacrificio, debe perdonar.

"Por tanto, si traes tu ofrenda al altar, y allí te acuerdas de que tu hermano tiene algo contra ti, deja allí tu ofrenda delante del altar, y anda, reconcíliate primero con tu hermano, y entonces ven y presenta tu ofrenda".
—Mateo 5:23, 24

> Identifique 3 Sagradas Escrituras más que le ayudarán a perdonar como Jesús perdona.

1. _____
2. _____
3. _____

¿Qué revelación especial de Dios ha recibido?

_____
_____
_____

Paso 3–Aplicación

1. _____
2. _____
3. _____

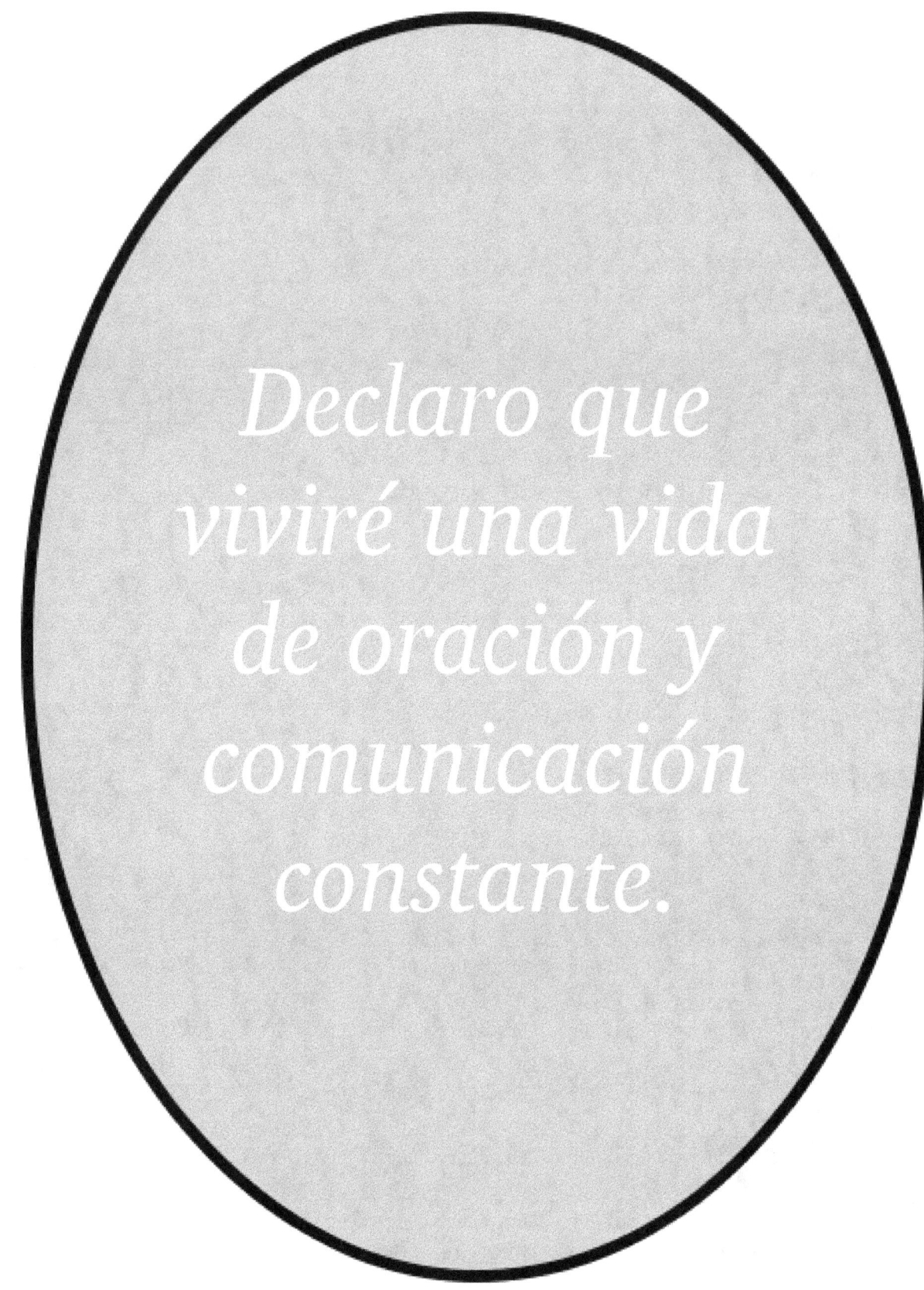

Declaro que viviré una vida de oración y comunicación constante.

CONCLUSIÓN

Debe orar

"También les refirió Jesús una parábola sobre la necesidad de orar siempre, y no desmayar".
– Lucas 18:1

> *Un discípulo no solamente ora, sino que también tiene un estilo de vida de oración.*

Paso 1–Admitir

¿Tiene una vida de oración consistente?
_____
_____
_____

¿Acude a Dios únicamente cuando Lo necesita?
_____
_____
_____

¿Verdaderamente confía en Dios cuando ora?
_____
_____
_____

Paso 2–Alinear

> *La oración no debe ser un último recurso; es el único recurso del discípulo.*

"Perseverad en la oración, velando en ella con acción de gracias."
—Colosenses 4:2

> Identifique 3 Sagradas Escrituras más que aborden la importancia de la oración.

1. _____
2. _____
3. _____

¿Qué revelación especial de Dios ha recibido?

_____
_____
_____

Paso 3–Aplicación

1. _____
2. _____
3. _____

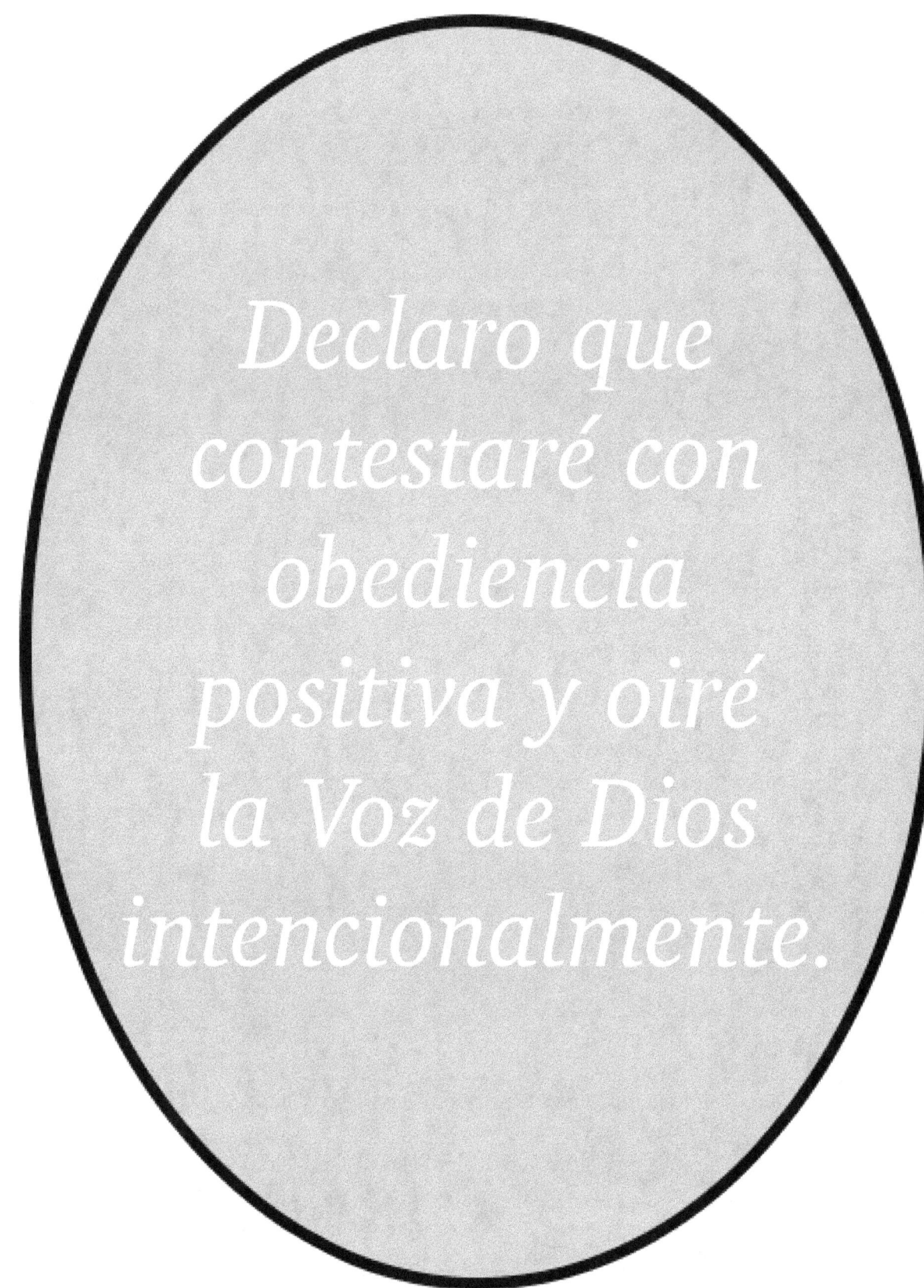

Declaro que contestaré con obediencia positiva y oiré la Voz de Dios intencionalmente.

CONCLUSIÓN

Debe tener obediencia positiva

"Si me amáis, guardad mis mandamientos".
– Juan 14:15

> *La obediencia desafiará cada aspecto de la vida del discípulo. Sin obediencia, no hay una relación.*

Paso 1–Admitir

¿Ha sustituido sacrificios por la obediencia?

1. _____
2. _____
3. _____
4. _____
5. _____

¿Ha resuelto obedecer toda la Palabra de Dios?

_____
_____
_____

¿Cómo es su obediencia al Señor deficiente?

_____
_____
_____

Paso 2–Alinear

> *Huir de lo que Dios nos está diciendo que hagamos es una desobediencia obvia.*

"Y Samuel dijo: ¿Se complace JEHOVÁ tanto en los holocaustos y víctimas, como en que se obedezca a las palabras de JEHOVÁ? Ciertamente el obedecer es mejor que los sacrificios, y el prestar atención que la grosura de los carneros".
—1 Samuel 15:22

> Identifique 3 Sagradas Escrituras más que lo ayudarán a ser más obediente.

1. _____

2. _____

3. _____

¿Qué revelación especial de Dios ha recibido?

_____
_____
_____

Paso 3–Aplicación

1. _____
2. _____
3. _____

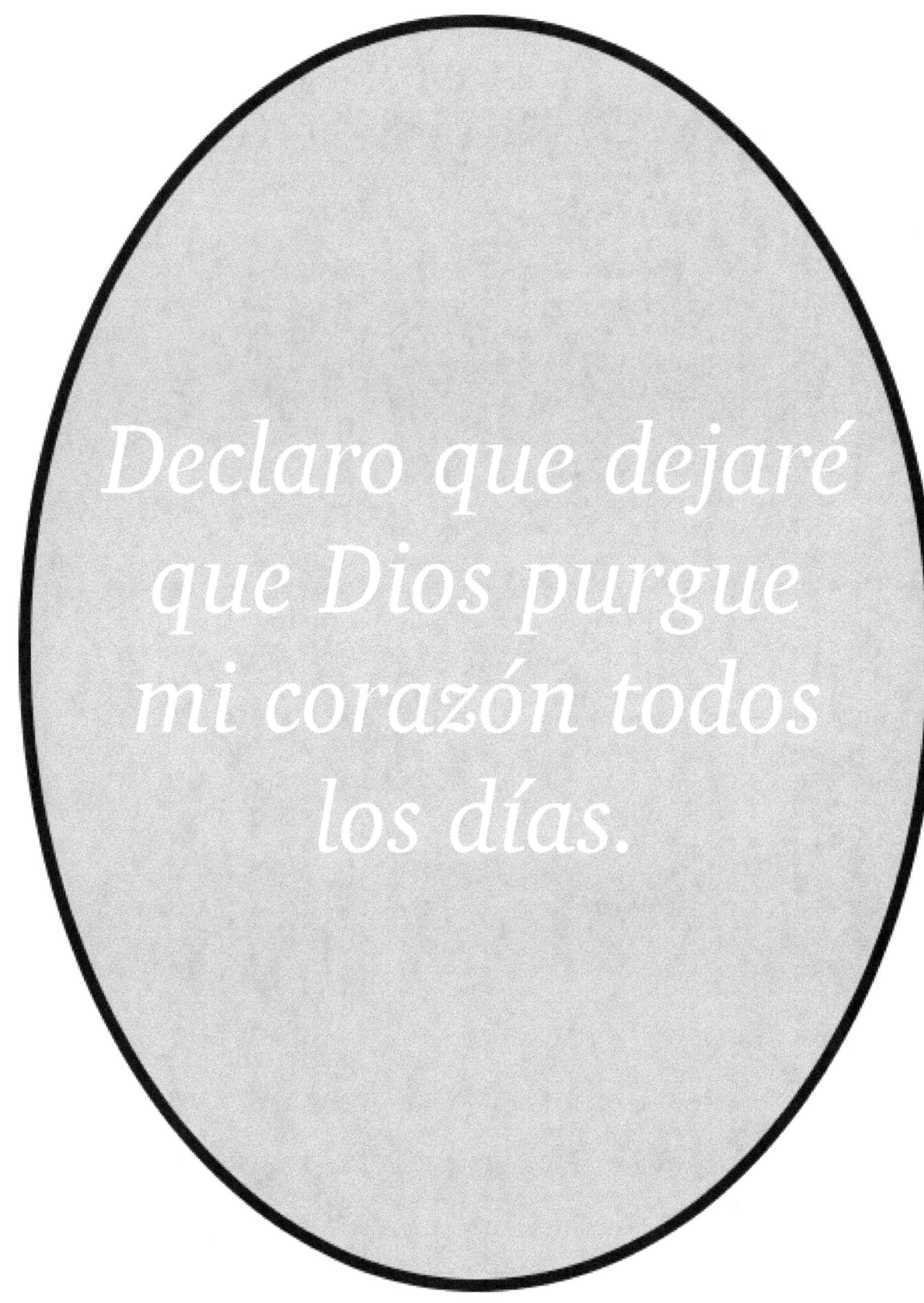

Declaro que dejaré que Dios purgue mi corazón todos los días.

CONCLUSIÓN

Debe tener un corazón purgado

"Crea en mí, oh Dios, un corazón limpio, y renueva un espíritu recto dentro de mí".
– Salmos 51:10

> *El corazón de uno determina en qué tipo de discípulo se convertirá.*

Paso 1–Admitir

¿Tiene problemas espirituales del corazón?

_____
_____
_____

¿Su corazón crece para estar más cerca de Jesús todos los días?

_____
_____
_____

¿Tiene un corazón purgado?

_____
_____
_____

Paso 2–Alinear

> *El corazón dice e identifica quiénes somos en relación con el Reino.*

¡Generación de víboras! ¿Cómo podéis hablar lo bueno, siendo malos? Porque de la abundancia del corazón habla la boca.
—Mateo 12:34

Identifique 3 Sagradas Escrituras más que lo ayudarán a purgar su corazón.

1. _____
2. _____
3. _____

¿Qué revelación especial de Dios ha recibido?

_____
_____
_____

Paso 3–Aplicación

1. _____
2. _____
3. _____

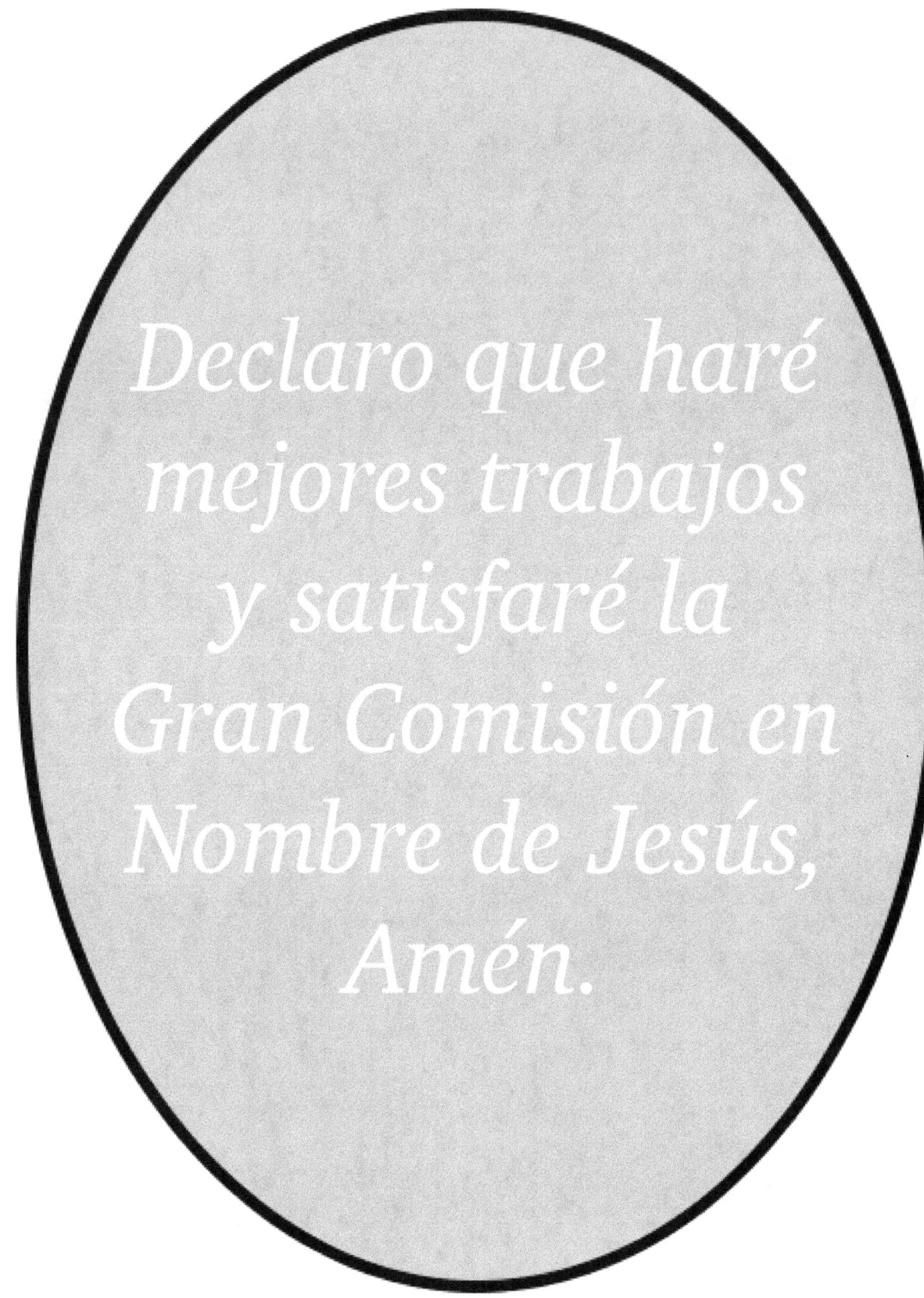

CONCLUSIÓN

Debe satisfacer la Gran Comisión

"Y Jesús se acercó y les habló diciendo: Toda potestad me es dada en el cielo y en la tierra. Por tanto, id, y haced discípulos a todas las naciones, bautizándolos en el nombre del Padre, y del Hijo, y del Espíritu Santo; enseñándoles que guarden todas las cosas que os he mandado; y he aquí yo estoy con vosotros todos los días, hasta el fin del mundo. Amén".
– Mateo 28:18-20

> *Se ha dicho que la Gran Comisión es la única comisión.*

Paso 1–Admitir

¿Qué va a hacer con las palabras de Jesús?

_____
_____
_____

¿La Gran Comisión es su misión personal?

_____
_____
_____

¿Ha sido testigo del Evangelio de Jesucristo para alguien hoy (esta semana; este mes; este año)?

_____
_____
_____

Paso 2–Alinear

> *El mejor trabajo que puede hacer un discípulo es ayudar a alguien a alcanzar el conocimiento salvador de Jesucristo.*

"Pero recibiréis poder, cuando haya venido sobre vosotros el Espíritu Santo, y me seréis testigos en Jerusalén, en toda Judea, en Samaria, y hasta lo último de la tierra".—Hechos 1:8

> Identifique 3 Sagradas Escrituras más que expresen su función para satisfacer la Gran Comisión.

1. _____
2. _____
3. _____

¿Qué revelación especial de Dios ha recibido?
_____
_____
_____

Paso 3–Aplicación

1. _____
2. _____
3. _____

www.ingramcontent.com/pod-product-compliance
Lightning Source LLC
Chambersburg PA
CBHW081732100526
44591CB00016B/2594